学校 - škola   2
旅行 - putovanje   5
交通运输 - transport   8
城市 - grad   10
地形 - krajolik   14
餐馆 - restoran   17
超市 - supermarket   20
饮料 - piće   22
食物 - jelo   23
农场 - seosko imanje   27
房子 - kuća   31
客厅 - dnevni boravak   33
厨房 - kuhinja   35
浴室 - kupatilo   38
儿童房 - dječija soba   42
衣服 - odjeća   44
办公室 - ured   49
经济 - ekonomija   51
职业 - zanimanja   53
工具 - alat   56
乐器 - muzički instrumenti   57
动物园 - zološki vrt   59
体育 - sport   62
活动 - aktivnosti   63
家 - porodica   67
身体 - tijelo   68
医院 - bolnica   72
紧急情况 - hitna pomoć   76
地球 - Zemlja   77
钟表 - sat   79
周 - sedmica, nedjelja   80
年 - godina   81
形状 - oblici   83
颜色 - boje   84
反义词 - suprotnosti   85
数字 - brojevi   88
语言 - jezici   90
谁/什么/怎样 - ko / šta / gdje   91
方位 - gdje   92

AF235143

Impressum
Verlag: BABADADA GmbH, Nedderfeld 112 , 22529 Hamburg
Geschäftsführer / Verlagsleitung: Harald Hof
Druck: Books on Demand GmbH, In de Tarpen 42, 22848 Norderstedt

Imprint
Publisher: BABADADA GmbH, Nedderfeld 112 , 22529 Hamburg, Germany
Managing Director / Publishing direction: Harald Hof
Print: Books on Demand GmbH, In de Tarpen 42, 22848 Norderstedt, Germany

学校

škola

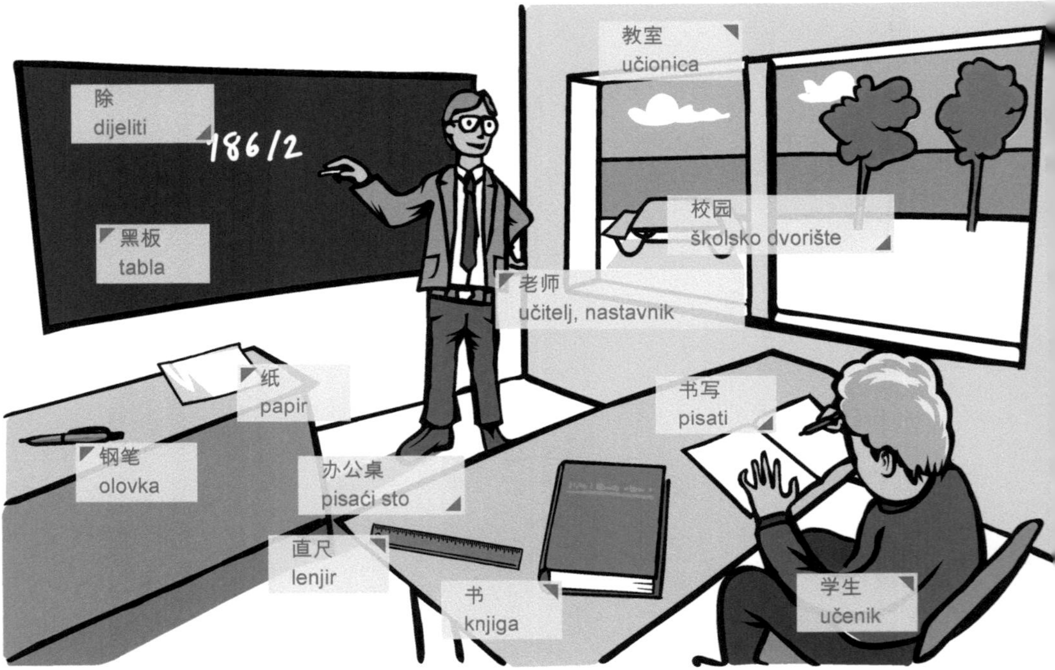

教室
učionica
除
dijeliti
186/2
黑板
tabla
校园
školsko dvorište
老师
učitelj, nastavnik
纸
papir
书写
pisati
钢笔
olovka
办公桌
pisaći sto
直尺
lenjir
书
knjiga
学生
učenik

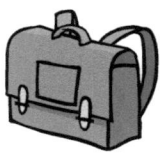

书包

torba

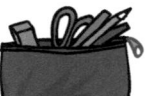

铅笔盒

pernica

铅笔

drvena olovka

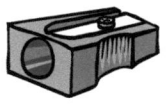

卷笔刀

šiljalo za olovke

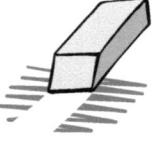

橡皮擦

gumica

画板

blok za crtanje

图画
crtež

画笔
kist

颜料盒
kutija s bojama

剪刀
makaze

胶水
ljepilo

练习册
vježbanka

家庭作业
domaća zadaća

数字
broj

加
sabirati

减
oduzimati

乘
množiti

计算
računati

字母
slovo

字母表
abeceda

字
riječ

课文

tekst

读

čitati

粉笔

kreda

上课

sat

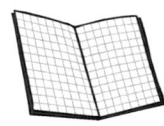

登记

školski dnevnik

考试

ispit

证书

svjedočanstvo

校服

školska uniforma

教育

izobrazba

百科全书

leksikon

大学

univerzitet

显微镜

mikroskop

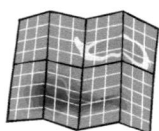

地图

karta

废纸筐

korpa za papir

旅行
putovanje

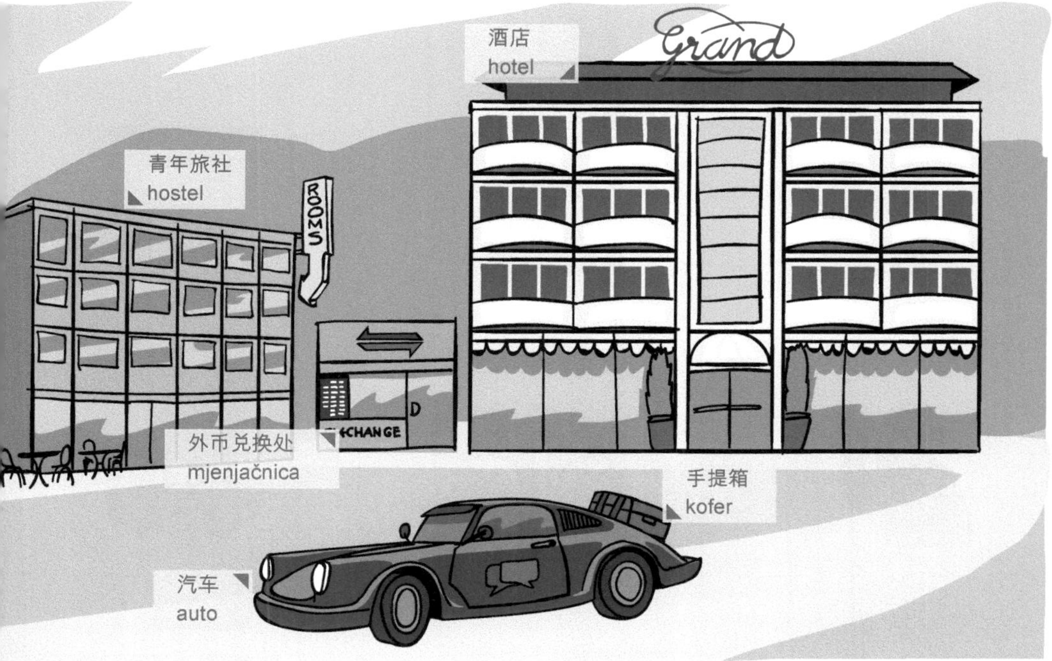

酒店
hotel
Grand
青年旅社
hostel
ROOMS
CHANGE
外币兑换处
mjenjačnica
手提箱
kofer
汽车
auto

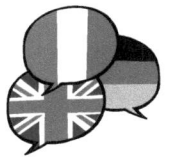

语言

jezik

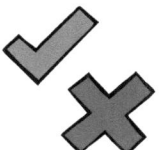

是/否

da / ne

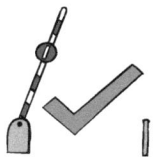

好的

okej

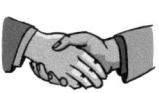

您好

zdravo

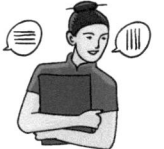

翻译员

tumač

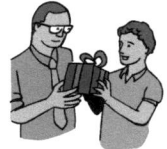

谢谢

hvala

……多少钱？

Koliko košta...?

我不明白

Ne razumijem

问题

problem

晚上好！

dobro veče!

早上好！

Dobro jutro!

晚安！

Laku noć!

再见

doviđenja

方向

smjer

行李

prtljag

包

torba

双肩包

ruksak

客人

gost

房间

soba

睡袋

vreća za spavanje

帐篷

šator

旅游信息

turističke informacije

海滩

plaža

信用卡

kreditna kartica

早餐

doručak

午餐

ručak

晚餐

večera

票

putna karta

电梯

lift

邮票

poštanska markica

边界

granica

海关

carina

大使馆

ambasada

签证

viza

护照

pasoš

交通运输

transport

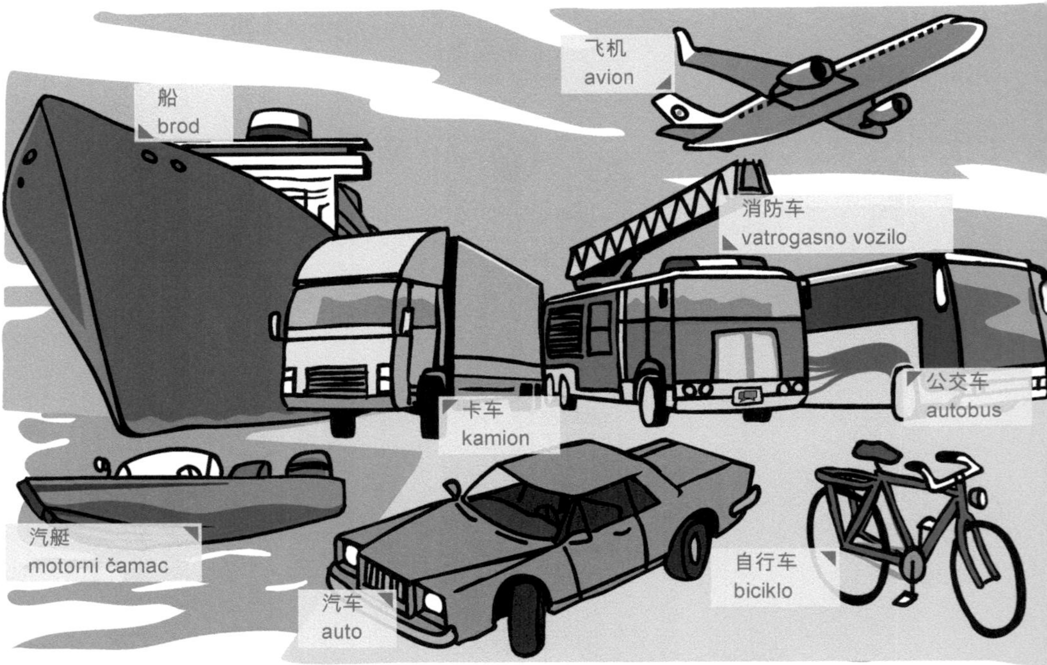

飞机
avion
船
brod
消防车
vatrogasno vozilo
公交车
autobus
卡车
kamion
汽艇
motorni čamac
自行车
biciklo
汽车
auto

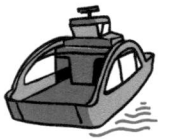

摆渡船

trajekt

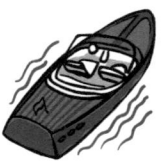

小船

brod

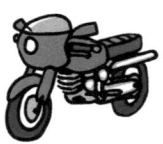

摩托车

motocikl

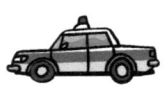

警车

policijski automobil

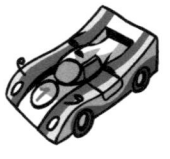

赛车

trkaći automobil

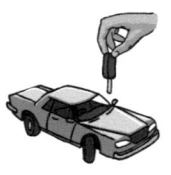

租车

unajmljeni automobil

拼车
kar-šering

拖车
pauk

垃圾车
smećarsko vozilo

发动机
motor

汽油
gorivo

加油站
benzinska pumpa

交通标志
saobraćajni znak

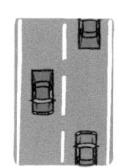

交通
saobraćaj

交通堵塞
zastoj

停车场
parking

火车站
željeznička stanica

轨道
šine

火车
voz

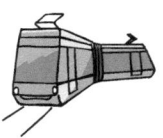

电车
tramvaj

货车
vagon

直升机

helikopter

机场

aerodrom

塔

toranj

乘客

putnik

集装箱

kontejner

纸板箱

karton

手推车

tačke

篮子

korpa

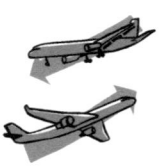

起飞/降落

poletjeti / sletjeti

城市

grad

村庄

selo

市中心

centar grada

房子

kuća

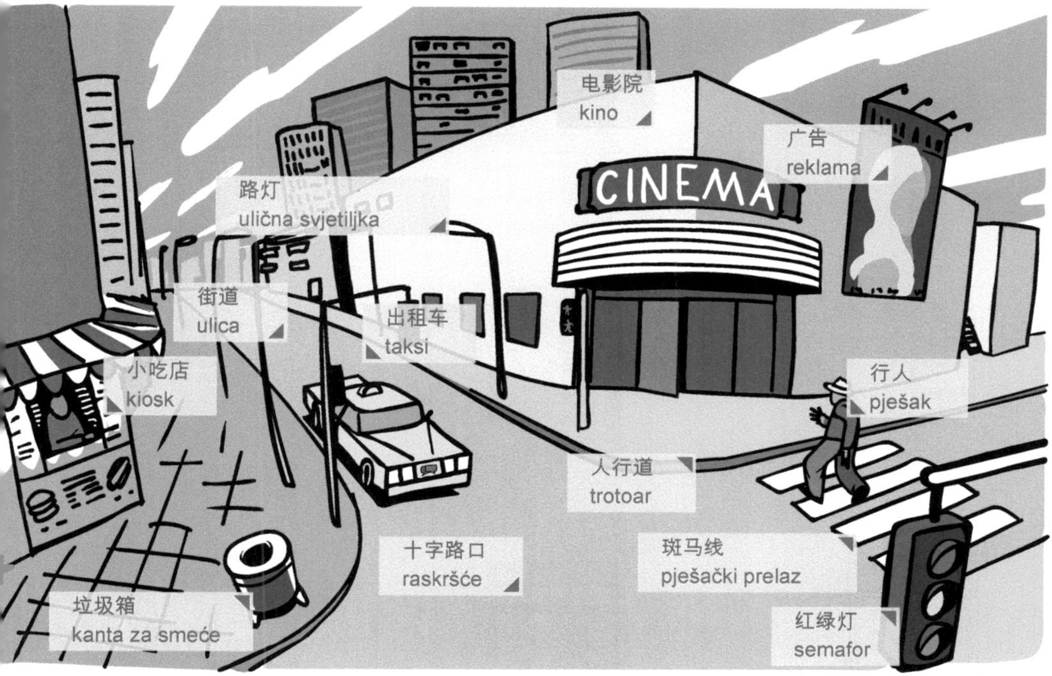

电影院
kino
广告
reklama
CINEMA
路灯
ulična svjetiljka
街道
ulica
出租车
taksi
小吃店
kiosk
行人
pješak
人行道
trotoar
十字路口
raskršće
斑马线
pješački prelaz
垃圾箱
kanta za smeće
红绿灯
semafor

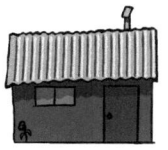

小屋
koliba

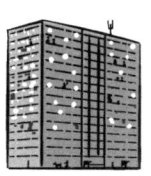

公寓
stan

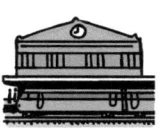

火车站
željeznička stanica

市政厅
vjećnica

MUSEUM

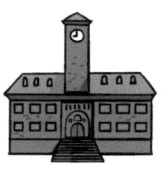

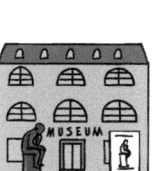

博物馆
muzej

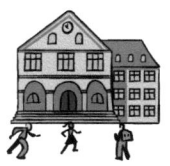

学校
škola

大学

univerzitet

银行

banka

医院

bolnica

酒店

hotel

药房

apoteka

办公室

ured

书店

knjižara

商店

radnja

花店

cvjećara

超市

supermarket

市场

pijaca

百货商店

robna kuća

鱼店

prodavač ribe

购物中心

trgovački centar

海港

luka

公园
park

长凳
klupa

桥
most

楼梯
stepenice

地铁
podzemna željeznica

隧道
tunel

公交车站
autobuska stanica

酒吧
bar

餐馆
restoran

邮筒
poštanski sandučić

路标
saobraćajni znak

停车计时器
sat za naplatu parkinga

动物园
zoološki vrt

游泳馆
bazen

清真寺
džamija

农场

seosko imanje

污染

zagađenje okoline

墓地

groblje

教堂

crkva

操场

igralište

寺庙

hram

地形

krajolik

树叶
list

指示牌
putokaz

路
putokaz

草地
livada

石头
kamen

树
drvo

徒步旅行
者
putnik

河
rijeka

草
trava

花
cvijet

峡谷
dolina

山
brdo

湖
jezero

森林
šuma

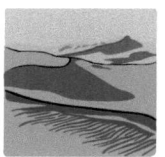

沙漠
pustinja

火山
vulkan

城堡
dvorac

彩虹
duga

蘑菇
gljiva

棕榈树
palma

蚊子
komarac

苍蝇
muha

蚂蚁
mrav

蜜蜂
pčela

蜘蛛
pauk

甲虫

buba

青蛙

žaba

松鼠

vjeverica

刺猬

jež

野兔

zec

猫头鹰

sova

鸟

ptica

天鹅

labud

野猪

divlja svinja

鹿

jelen

麋鹿

los

水坝

brana

风力发电机

vjetrenjača

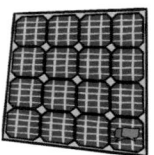

太阳能电池板

solarni modul

气候

klima

餐馆
restoran

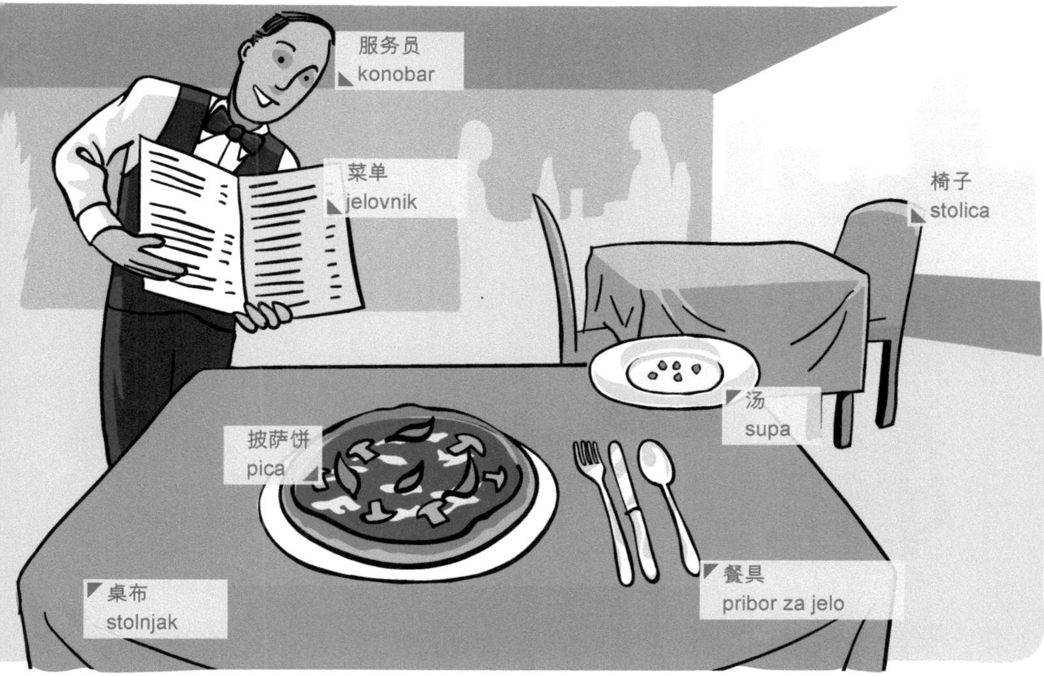
服务员
konobar
菜单
jelovnik
椅子
stolica
汤
supa
披萨饼
pica
桌布
stolnjak
餐具
pribor za jelo

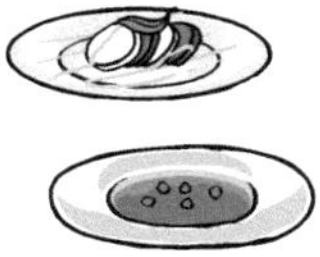

前菜

predjelo

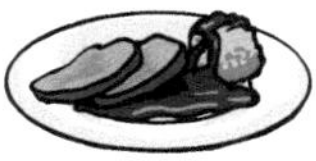

主菜

glavno jelo

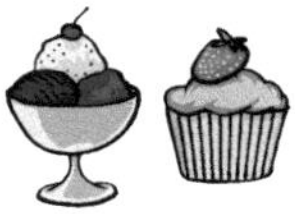

甜点

desert

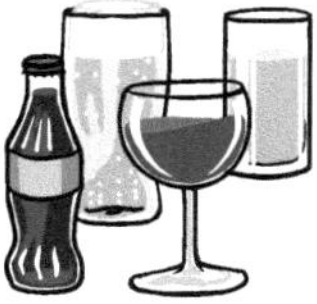

饮料

piće

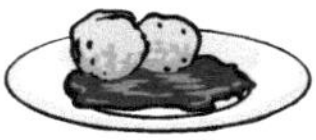

食物

jelo

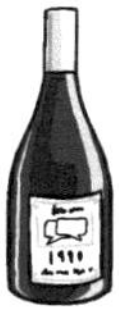

瓶子

flaša

快餐

brza hrana

街边小吃

jelo sa ulice

茶壶

čajnik

糖盒

šećernica

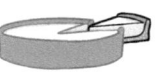

一份饭菜

porcija

意式咖啡机

mašina za espreso

高脚椅

barska stolica

账单

račun

托盘

tacna

刀

nož

餐叉

viljuška

勺子

kašika

茶匙

kašičica

餐巾

salveta

玻璃杯

čaša

餐馆 - restoran

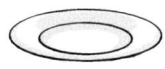

碟子

tanjir

汤盘

tanjir za supu

碟子

tanjurić

酱

sos

盐瓶

solanik

胡椒磨

mlin za biber

醋

sirće

食用油

ulje

调味料

začini

番茄酱

kečap

芥末

senf

蛋黄酱

majoneza

超市

supermarket

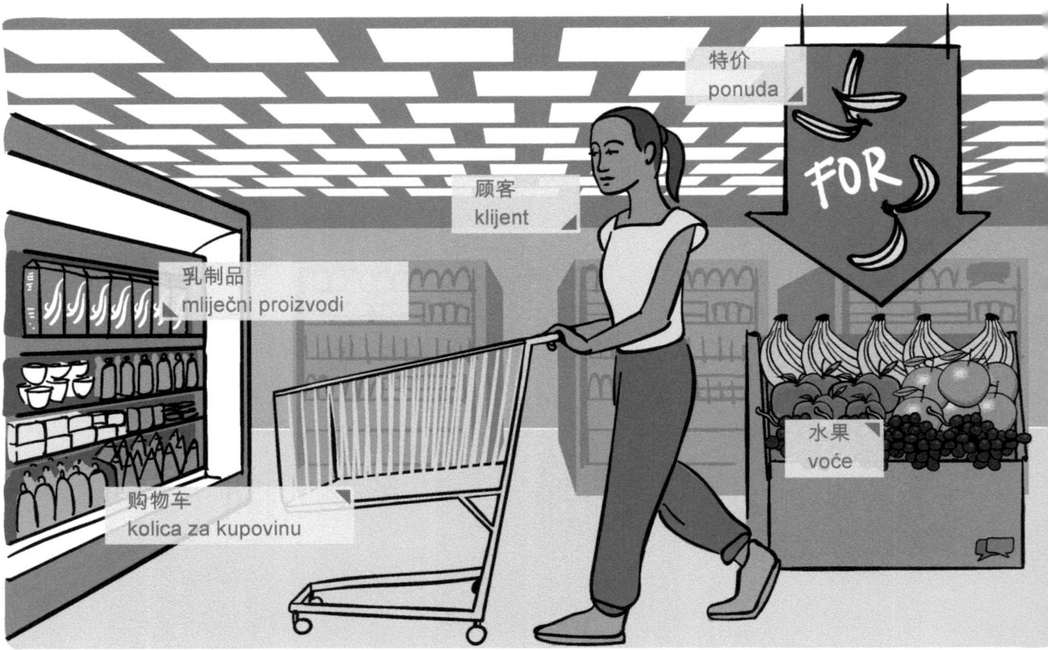

特价
ponuda
FOR
顾客
klijent
乳制品
mliječni proizvodi
水果
voće
购物车
kolica za kupovinu

BUTCHERS

肉铺

mesnica- klaonica

BAKERY

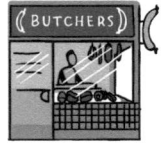

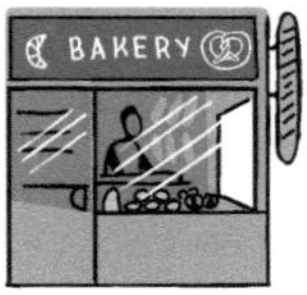

面包房

pekara

称重

vagati

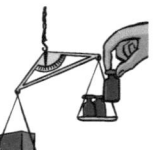

蔬菜

povrće

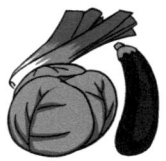

肉

meso

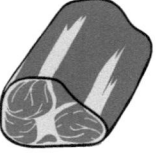

冷冻食品

zaleđena hrana

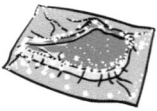

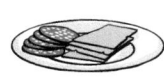

冷盘

narezak

罐头食品

konzerve

洗衣粉

prašak za veš

甜食

slatkiši

日用品

kućanski proizvodi

清洁用品

sredstvo za čišćenje

销售员

prodavačica

收银机

kasa

收银员

blagajnik

购物清单

lista za kupovinu

开放时间

radno vrijeme

钱包

novčanik

信用卡

kreditna kartica

袋子

torba

塑料袋

najlonska vrećica

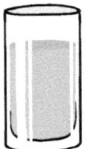

水

voda

果汁

sok

牛奶

mlijeko

可乐

kola

红酒

vino

啤酒

pivo

酒

alkohol

可可

kakao

茶

čaj

咖啡

kafa

意式浓缩咖啡

espreso

卡布奇诺

kapućino

香蕉

banana

苹果

jabuka

橙子

narandža

西瓜

lubenica

柠檬

limun

胡萝卜

mrkva

大蒜

bijeli luk

竹子

bambus

洋葱

crveni luk

蘑菇

gljiva

坚果

orašasti plodovi

面条

pasta

意大利面条

špagete

米饭

riža

沙拉

salata

薯条

pomfrit

炸土豆

pečeni krompir

披萨饼

pica

汉堡包

hamburger

三明治

sendvič

炸猪排

šnicla

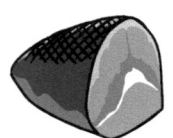

火腿

šunka

萨拉米

kobasica

香肠

kobasica

鸡肉

kokoš

烤肉

pečenje

鱼

riba

燕麦片

zobene pahuljice

穆兹利

muzli

玉米片

kornfleks

面粉

brašno

羊角面包

kroason

面包卷

zemičke

面包

kruh

烤面包

tost

饼干

keksi

黄油

maslac

凝乳

svježi sir

蛋糕

kolač

蛋

jaje

煎蛋

jaje na oko

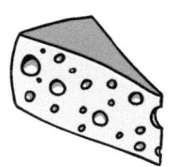

奶酪

sir

冰激凌

sladoled

糖

šećer

蜂蜜

med

果酱

marmelada

巧克力酱

nugat krema

咖喱饭

kuri

农场
seosko imanje

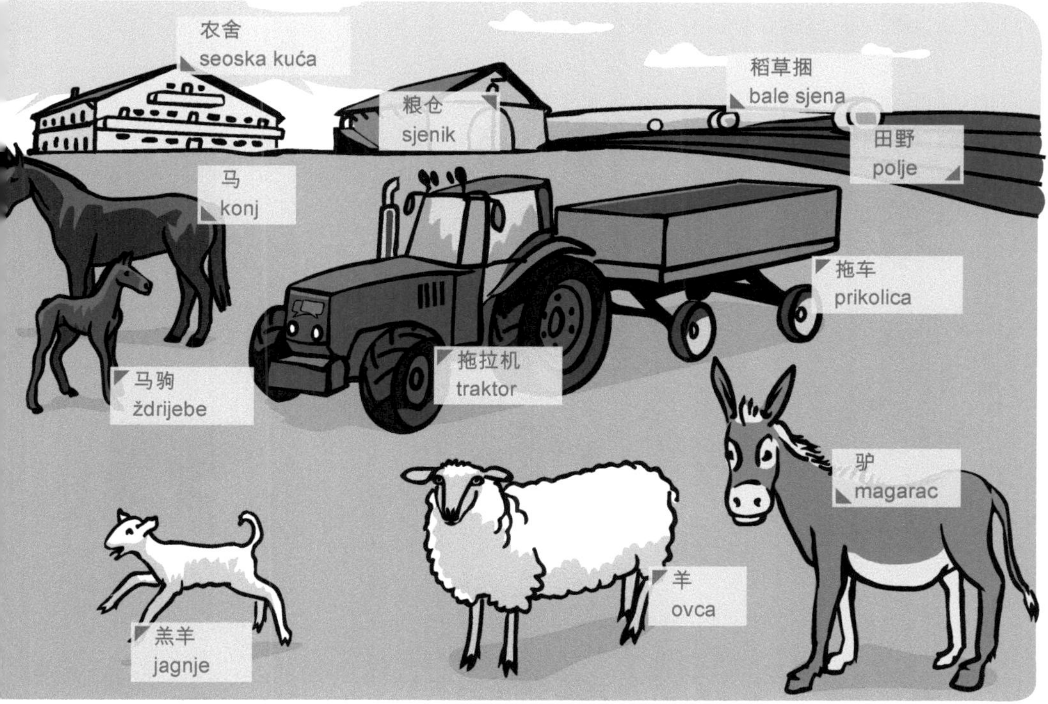
农舍
seoska kuća
粮仓
sjenik
稻草捆
bale sjena
田野
polje
马
konj
拖车
prikolica
拖拉机
traktor
马驹
ždrijebe
驴
magarac
羊
ovca
羔羊
jagnje

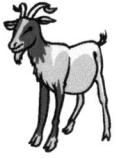

山羊

koza

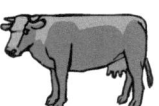

奶牛

krava

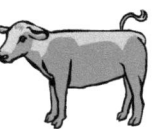

牛犊

tele

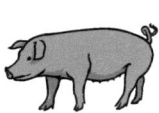

猪

svinja

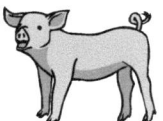

小猪

prase

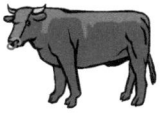

公牛

bik

鹅

guska

鸭

patka

小鸡

pile

母鸡

kokoška

公鸡

pjetao

鼠

pacov

猫

mačka

老鼠

miš

牛

vol

狗

pas

狗屋

pseća kućica

花园浇水软管

crijevo za baštu

洒水壶

kanta za zalijevanje

长柄大镰刀

kosa

犁

plug

镰刀
srp

锄头
motika

长柄草耙
vile

斧头
sjekira

独轮手推车
tačke

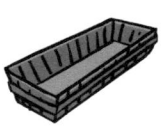

饲料槽
korito

牛奶罐
bokal za mlijeko

麻布袋
vreća

栅栏
ograda

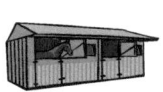

马厩
štala

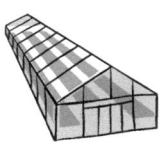

温室
staklenik

土壤
tlo

种子
sjeme

肥料
đubrivo

联合收割机
kombajn

收割

kositi

收割

žetva

山药

jam korijen

小麦

pšenica

大豆

soja

土豆

krompir

玉米

kukuruz

油菜籽

uljana repica

果树

drvo voća

树薯

manioka

谷物

žito

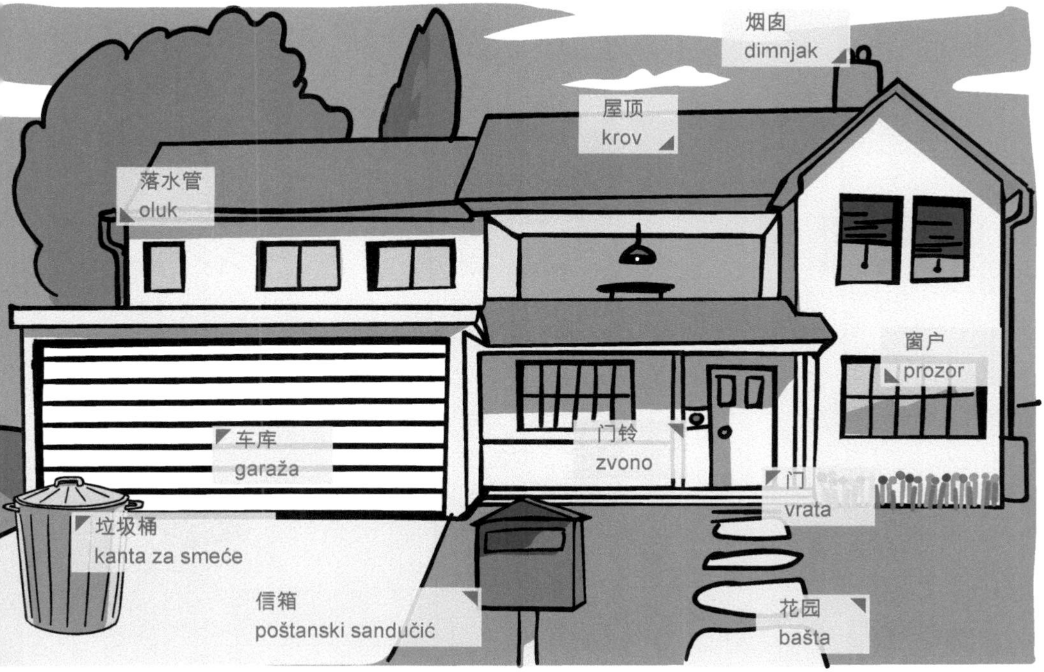

房子
kuća

烟囱
dimnjak

屋顶
krov

落水管
oluk

车库
garaža

门铃
zvono

窗户
prozor

门
vrata

垃圾桶
kanta za smeće

信箱
poštanski sandučić

花园
bašta

客厅
dnevni boravak

浴室
kupatilo

厨房
kuhinja

卧室
spavaća soba

儿童房
dječija soba

餐厅
trpezarija

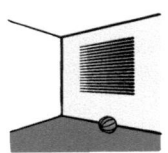

地板
pod, tlo

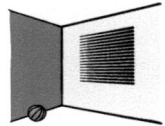

墙壁
zid

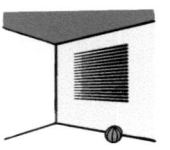

吊顶
plafon

地窖
podrum

桑拿
sauna

阳台
balkon

露台
terasa

游泳池
bazen

割草机
kosilica

被单
posteljina

床罩
pokrivač

床
krevet

扫帚
metla

水桶
kanta

开关
prekidač

客厅
dnevni boravak

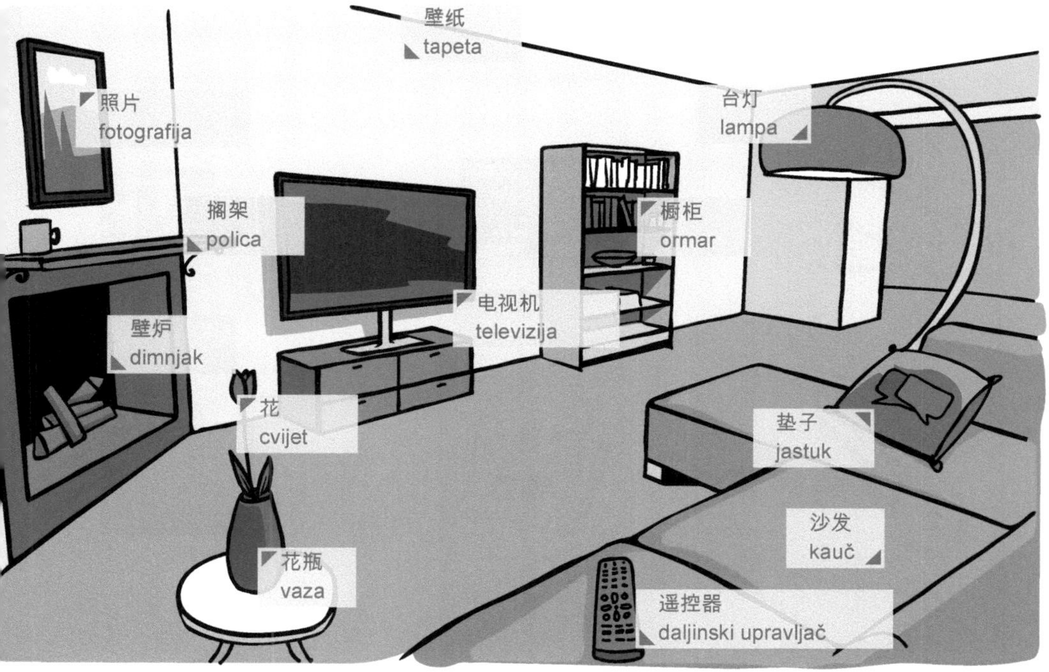
壁纸
tapeta
照片
fotografija
台灯
lampa
搁架
polica
橱柜
ormar
电视机
televizija
壁炉
dimnjak
花
cvijet
垫子
jastuk
沙发
kauč
花瓶
vaza
遥控器
daljinski upravljač

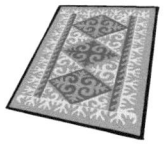

地毯

tepih

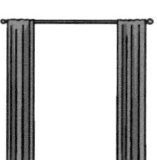

窗帘

zavjesa

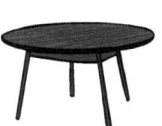

餐桌

stol

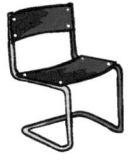

椅子

stolica

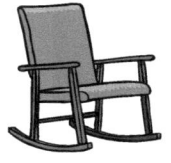

摇椅

stolica za ljuljanje

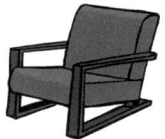

扶手椅

fotelja

书
....
knjiga

毯子
....
deka

装饰品
....
dekoracija

木柴
....
ložno drvo

电影
....
film

高保真音响
....
stereo uređaj

钥匙
....
ključ

报纸
....
novine

油画
....
umjetnička slika

海报
....
poster

收音机
....
radio

笔记本
....
blok za bilješke

吸尘器
....
usisavač

仙人掌
....
kaktus

蜡烛
....
svijeća

厨房
kuhinja

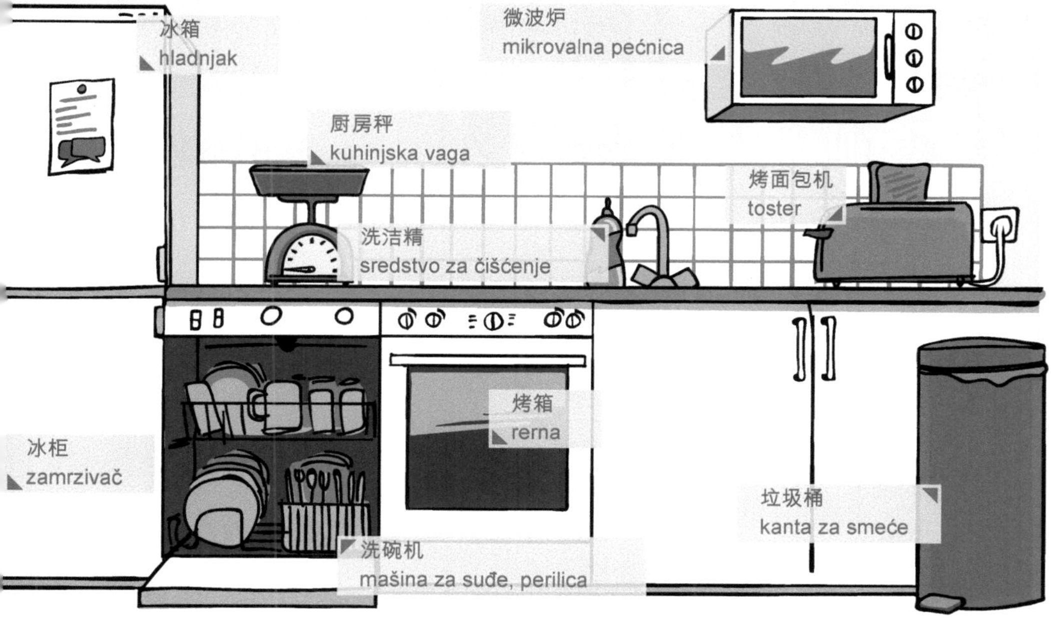

冰箱
hladnjak
微波炉
mikrovalna pećnica
厨房秤
kuhinjska vaga
烤面包机
toster
洗洁精
sredstvo za čišćenje
烤箱
rerna
冰柜
zamrzivač
垃圾桶
kanta za smeće
洗碗机
mašina za suđe, perilica

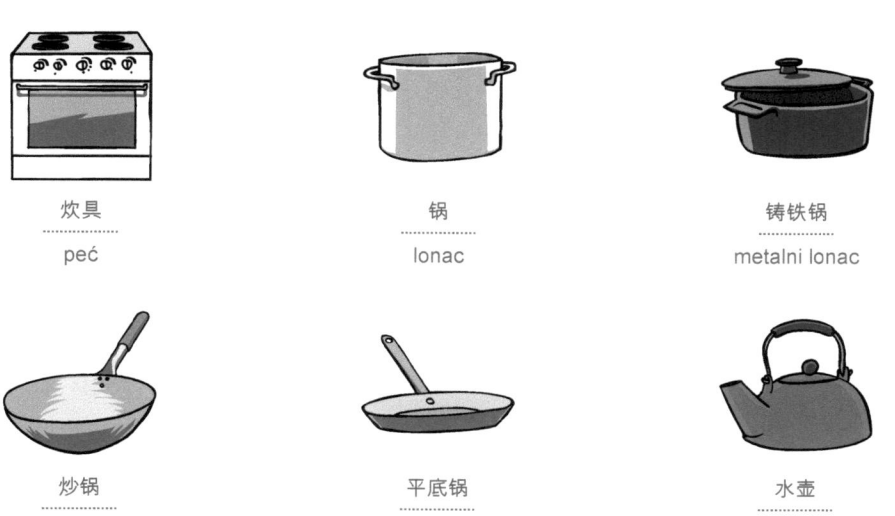

炊具
peć

锅
lonac

铸铁锅
metalni lonac

炒锅
vok / kadai

平底锅
tava, tiganj

水壶
kuhalo

蒸锅

aparat za kuhanje na pari

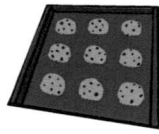

烤盘

lim za pečenje

陶瓷锅

posuđe

马克杯

šalica

碗

činija

筷子

kineski štapići

长柄勺

kutlača

铲子

lopatica

搅拌器

metlica za snijeg bjelanjca

滤网

sito za kuhanje

筛子

sito

磨碎机

ribež

研钵

avan s tučkom

烧烤

roštilj

明火

ložište

菜板

daska

擀面杖

oklagija

开瓶器

vadičep

罐子

konzerva

开罐器

otvarač za konzerve

隔热手套

krpe za lonac

水槽

sudoper

刷子

četka

海绵

spužva

搅拌机

mikser

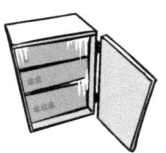

冷藏箱

zamrzivač

奶瓶

flašica za bebu

水龙头

slavina

浴室

kupatilo

淋浴
tuš
供暖设备
grijanje
毛巾
peškir
浴帘
zavjesa za tuš
泡沫浴
pjenušava kupka
浴缸
kada
玻璃杯
čaša
洗衣机
mašina za veš
水龙头
slavina
瓷砖
pločice
便壶
dječja kahlica
水槽
sudoper

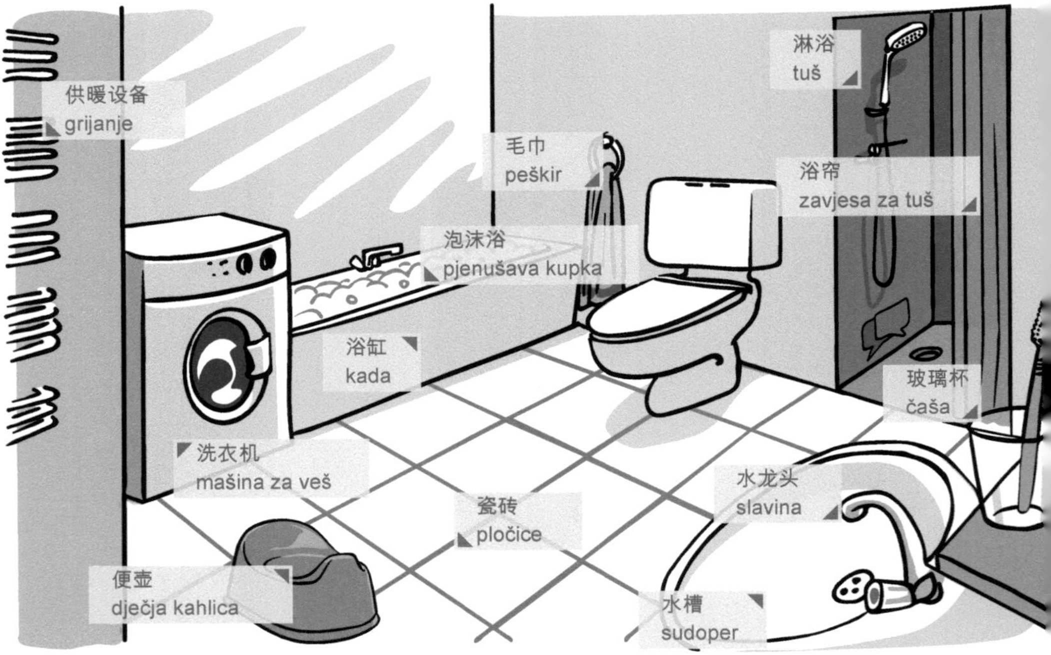

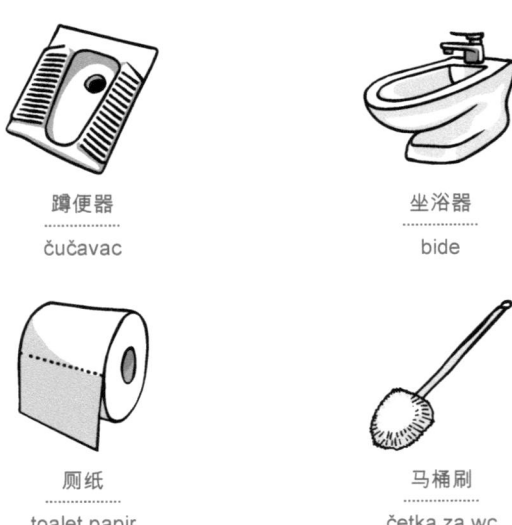

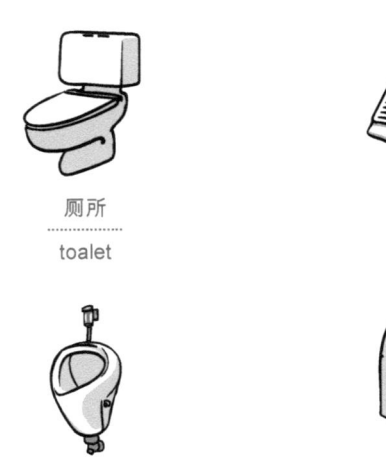

厕所

toalet

蹲便器

čučavac

坐浴器

bide

小便池

pisoar

厕纸

toalet papir

马桶刷

četka za wc

牙刷

četkica za zube

牙膏

pasta za zube

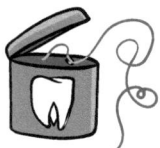

牙线

zubni konac

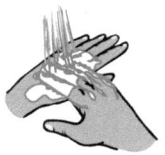

洗

prati

手持式喷淋头

tuš

冲洗器

intimni tuš

洗脸盆

lavor

擦背刷

četka za leđa

肥皂

sapun

沐浴露

gel za tuširanje

洗发水

šampon

法兰绒

krpe za pranje

排水

odvod

乳霜

krema

除臭剂

dezodorans

浴室 - kupatilo

镜子

ogledalo

手镜

ogledalo za šminkanje

剃须刀

brijač

剃须泡沫

pjena za brijanje

须后水

vodica poslije brijanja

梳子

češalj

刷子

četka

吹风机

fen

喷发定型剂

sprej za kosu

化妆品

puder

唇膏

karmin

指甲油

lak za nokte

化妆棉

vata

指甲剪

makazice za nokte

香水

parfem

洗漱包
kozmetička torbica

凳子
hoklica

计重秤
vaga

浴袍
kupaći ogrtač

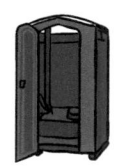

橡胶手套
rukavice za čišćenje

卫生棉条
tampon

卫生巾
uložak za dame

化学厕所
hemijski toalet

儿童房
dječija soba

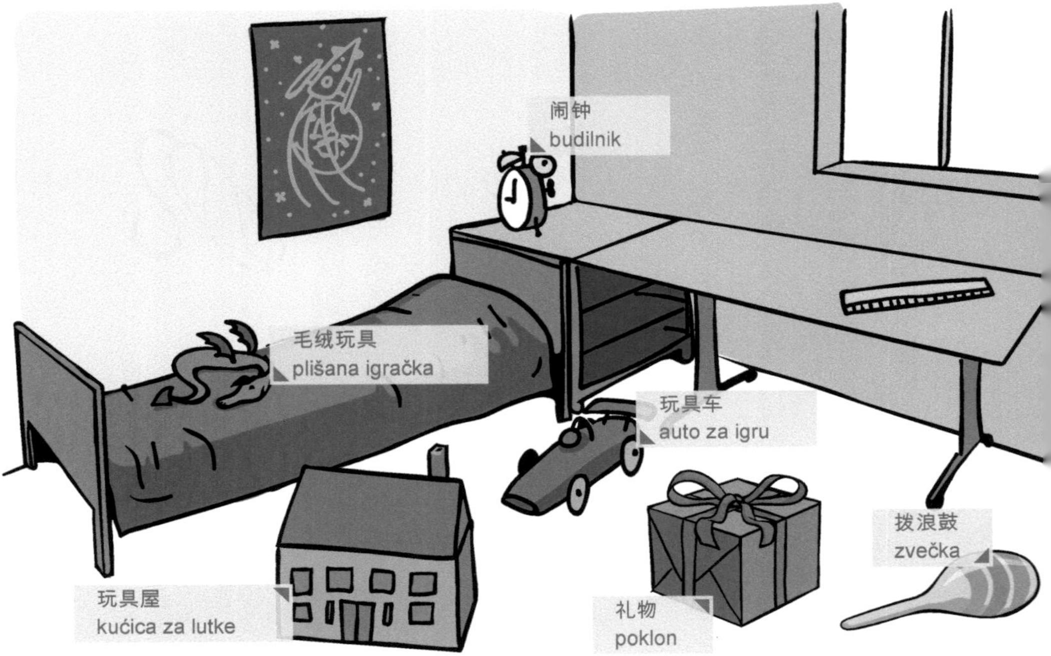

闹钟
budilnik
毛绒玩具
plišana igračka
玩具车
auto za igru
拨浪鼓
zvečka
玩具屋
kućica za lutke
礼物
poklon

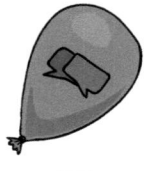

气球

balon

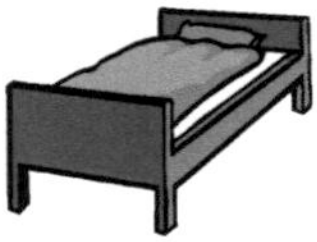

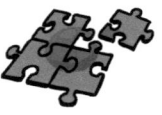

床

krevet

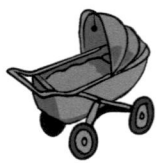

（洋娃娃用）婴儿车

kolica za djecu

扑克牌

karte za igranje

拼图

puzle

SUPER
MEGA

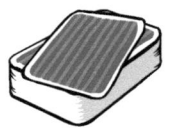

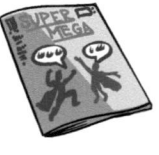

漫画

strip

乐高积木

lego kockice

积木玩具

kockice za gradnju

玩具人

akcione figure

婴儿服

benkica

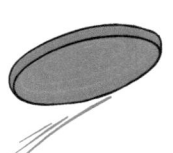

飞盘

frizbi

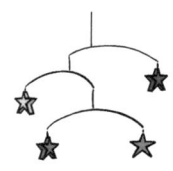

床铃玩具

mobile

棋盘游戏

igra na ploči

骰子

kocka

火车模型

miniatura željeznice

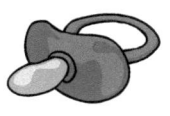

安抚奶嘴

cucla

聚会

zabava

绘本

slikovnica

球

lopta

洋娃娃

lutka

玩

igrati

沙坑

pješćanik

秋千

ljuljačka

玩具

igračke

游戏机

konzola za igru

三轮车

triciklo

泰迪熊

medvjedić

衣柜

ormar

衣服
odjeća

袜子

kratke čarape

长袜

čarape

紧身裤

hulahopke

围巾
šal

皮带
kaiš

雨伞
kišobran

T恤
majica kratkih rukava

靴子
čizme

拖鞋
papuče

运动鞋
patike

凉鞋
sandale

鞋
cipele

雨靴
gumene čizme

内裤
gaće

胸罩
grudnjak

背心
potkošulja

衣服 - odjeća

身体
bodi

裤子
hlače

牛仔裤
farmerke

短裙
suknja

女式衬衫
bluza

衬衫
košulja

套头衫
džemper

卫衣
majica

西装夹克
sako

夹克
jakna

外套
mantil

雨衣
kišni mantil

套装
kostim

连衣裙
haljina

婚纱
vjenčanica

西装
odijelo

睡袍
spavaćica

睡衣
pidžama

莎丽
sari

头巾
marama

包头巾
turban

波卡
burka

卡夫坦
kaftan

(阿拉伯式)长袍长袍
abaja

泳衣
kupaći kostim

男式泳裤
kupaće gaće

短裤
kratke hlače

运动服
trenerka

围裙
pregača

手套
rukavice

纽扣
dugme

眼镜
naočare

手链
narukvica

项链
ogrlica

戒指
prsten

耳环
naušnica

便帽
kapa

衣架
vješalica

帽子
šešir

领带
kravata

拉链
patentni zatvarač

头盔
kaciga

背带
tregeri za hlače

校服
školska uniforma

制服
uniforma

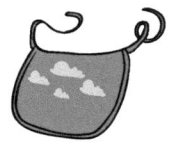

围兜

podbradak

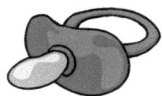

安抚奶嘴

cucla

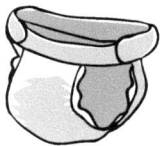

尿不湿

pelene

办公室
ured

服务器
server
文件柜
ormar za kartoteku
打印机
štampač
纸
papir
显示屏
monitor
办公桌
pisaći sto
鼠标
miš
文件夹
registrator
键盘
tastatura
废纸筐
korpa za papir
电脑
kompjuter
椅子
stolica

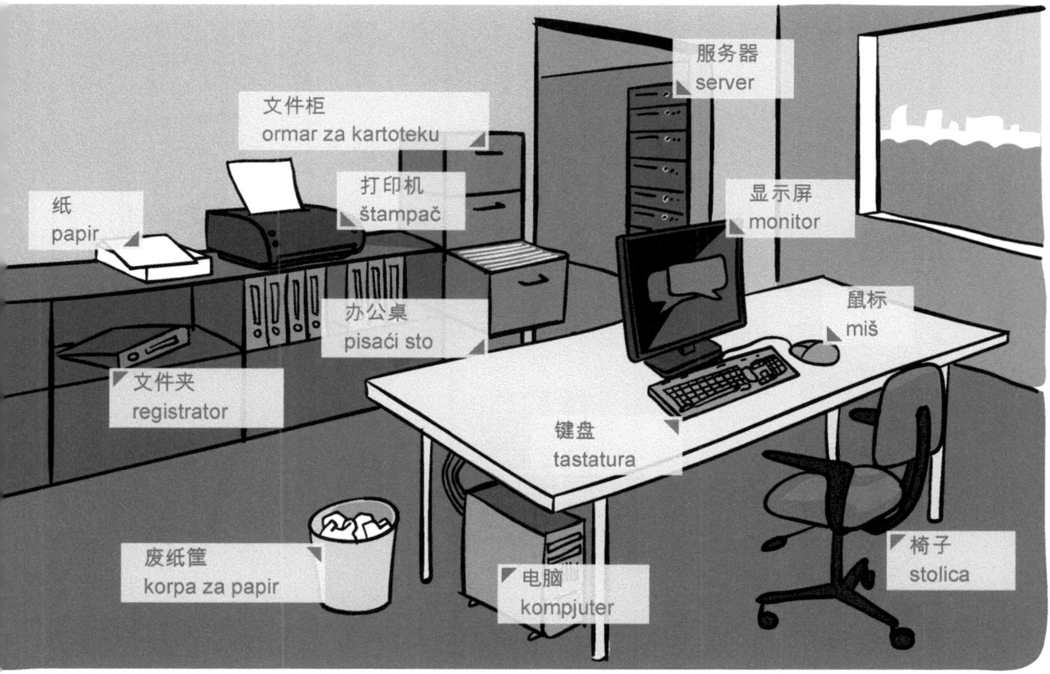

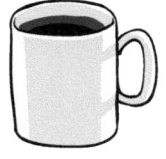

咖啡杯

šolja za kafu

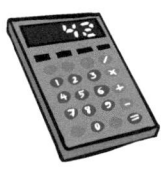

计算器

kalkulator

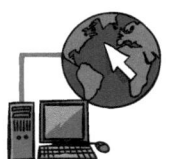

因特网

internet

笔记本电脑
laptop

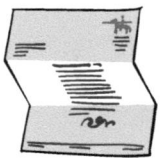

信件
pismo

消息
poruka

手机
mobilni telefon

网络
mreža

复印机
aparat za kopiranje

软件
softver

电话
telefon

插座
utičnica

传真机
faks

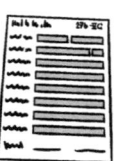

表格
formular

文件
dokument

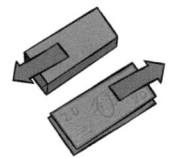

买
....
kupovati

付钱
....
platiti

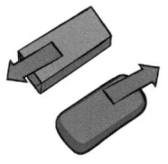

交易
....
trgovati

现金
....
novac

美元
....
dolar

欧元
....
euro

日元
....
jen

卢布
....
rublja

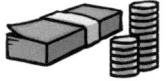

瑞士法郎
....
franak

人民币
....
renminbi jen

卢比
....
rupi

提款处
....
bankomat

外币兑换处

mjenjačnica

金

zlato

银

srebro

石油

nafta

能源

energija

价格

cijena

合同

ugovor

税金

porez

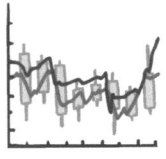

股票

akcija

工作

raditi

职员

službenik

老板

poslodavac

工厂

fabrika

商店

radnja

警官
policajac

消防员
vatrogasac

厨师
kuhar

医生
ljekar

飞行员
pilot

园丁

baštovan

木匠

stolar

裁缝

krojačica

法官

sudija

化学家

hemičar

演员

glumac

公交车司机

vozač autobusa

出租车司机

vozač taksija

渔夫

ribar

清洁女工

čistačica

屋顶工

krovopokrivač

服务员

konobar

猎人

lovac

画家

moler

面包师

pekar

电工

električar

建筑工人

građevinski radnik

工程师

inženjer

屠夫

koljač

水管工

limar, vodoinstalater

邮递员

poštar

士兵

vojnik

建筑师

arhitekta

收银员

blagajnik

花农

cvjećar

理发师

frizer

售票员

kontrolor

机械师

mehaničar

船长

kapiten

牙医

zubar

科学家

naučnik

拉比

rabin

伊玛目

imam

和尚

monah

牧师

sveštenik

工具

alat

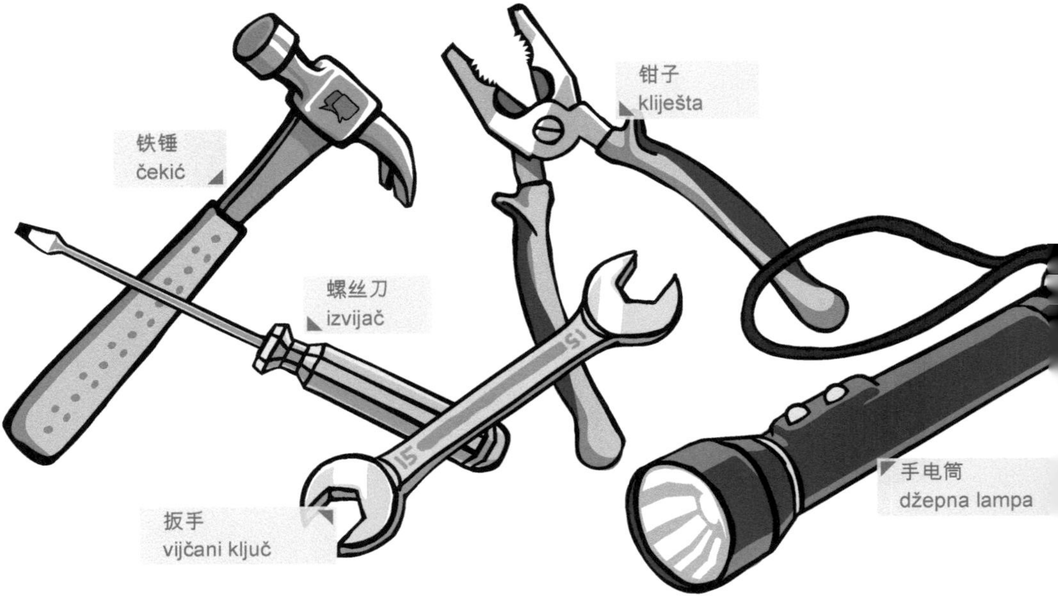

铁锤
čekić
钳子
kliješta
螺丝刀
izvijač
扳手
vijčani ključ
手电筒
džepna lampa

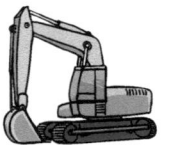

挖掘机

bager

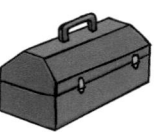

工具箱

kutija sa alatom

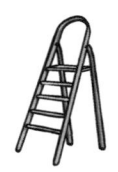

梯子

ljestve

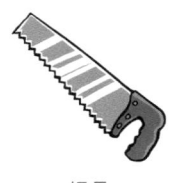

锯子

testera, pila

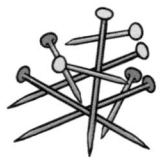

钉子

ekser

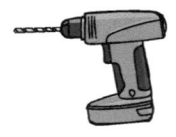

钻机

bušilica

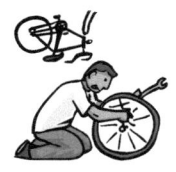

修

popraviti

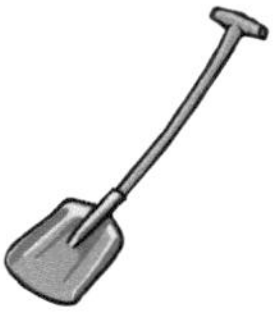

铲子

lopata

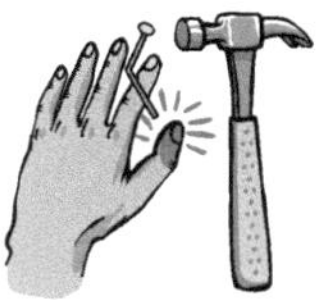

靠！

sranje!

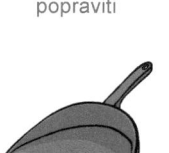

簸箕

lopatica

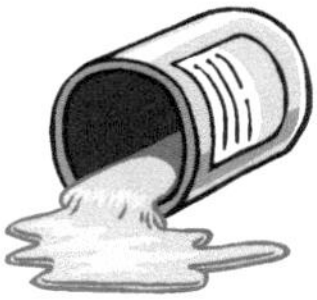

油漆桶

kanta boje

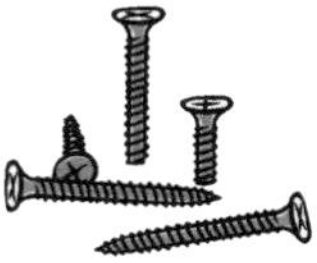

螺丝

vijak

乐器

muzički instrumenti

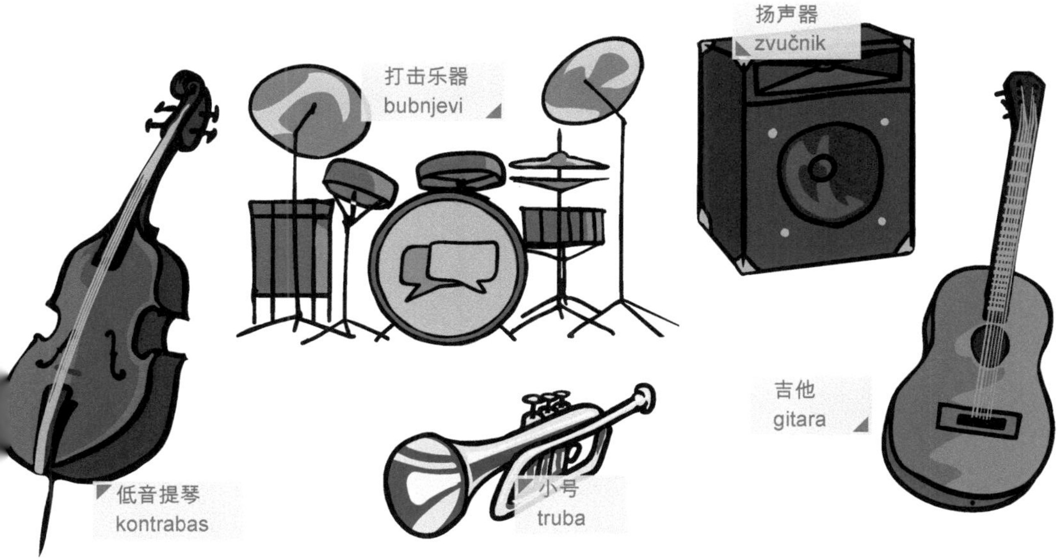
扬声器
zvučnik
打击乐器
bubnjevi
吉他
gitara
低音提琴
kontrabas
小号
truba

钢琴

klavir

小提琴

violina

贝斯

bas

定音鼓

bubanj timpani

鼓

bubanj

电子琴

sintisajzer

萨克斯管

saksofon

长笛

flauta

麦克风

mikrofon

动物园

zološki vrt

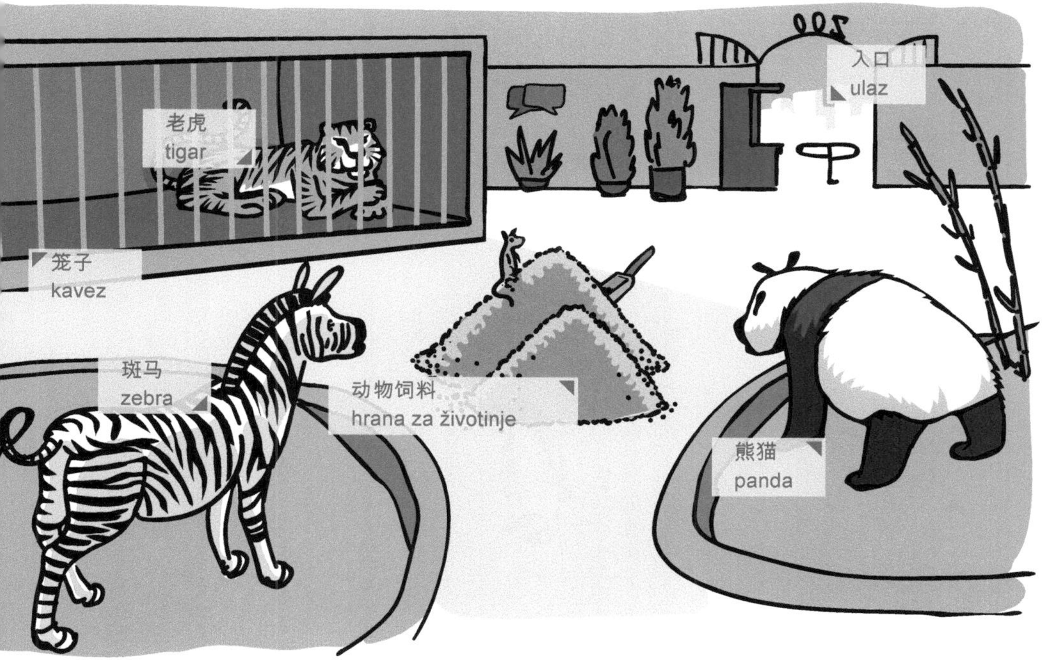
老虎
tigar
入口
ulaz
笼子
kavez
斑马
zebra
动物饲料
hrana za životinje
熊猫
panda

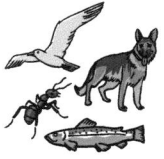

动物

životinje

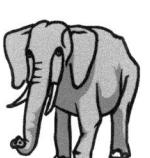

大象

slon

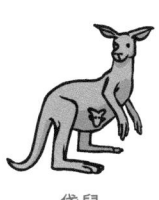

袋鼠

kengur

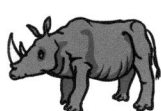

犀牛

nosorog

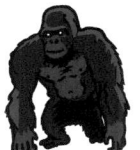

大猩猩

gorila

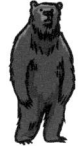

熊

medvjed

骆驼

kamila

鸵鸟

noj

狮子

lav

猴子

majmun

火烈鸟

flamingo

鹦鹉

papagaj

北极熊

polarni medvjed

企鹅

pingvin

鲨鱼

morski pas

孔雀

paun

蛇

zmija

鳄鱼

krokodil

动物园管理员

čuvar u zološkom vrtu

海豹

tuljan

美洲豹

jaguar

矮种马

poni

豹

leopard

河马

nilski konj

长颈鹿

žirafa

老鹰

orao

野猪

divlja svinja

鱼

riba

龟

kornjača

海象

morž

狐狸

lisica

羚羊

gazela

橄榄球
američki fudbal

骑自行车
vožnja bicikla

网球
tenis

篮球
košarka

游泳
plivanje

拳击
boks

冰球
hokej na ledu

英式足球
fudbal

羽毛球
bedminton

田径
laka atletika

手球
rukomet

滑雪
skijanje

马球
polo

跳
skakati

拥抱
zagrliti

笑
smijati se

走路
ići

唱
pjevati

做梦
sanjati

祈祷
moliti

亲吻
ljubiti

书写
pisati

画
crtati

展示
pokazati

推
gurati

给
dati

拿
uzeti

有
imati

做
raditi

当
biti

站
stajati

跑
trčati

拉
vući

扔
baciti

摔倒
pasti

躺
ležati

等待
čekati

携带
nositi

坐
sjediti

穿衣
obući

睡觉
spavati

醒来
probuditi

看
pogledati

哭
plakati

抚摸
milovati

梳头
češljati

交谈
govoriti

明白
razumjeti

问
pitati

听
slušati

喝
piti

吃
jesti

清理
pospremiti

爱
voljeti

做饭
kuhati

开车
voziti

飞
letjeti

航行

jedriti

计算

računati

读

čitati

学习

učiti

工作

raditi

结婚

vjenčavti

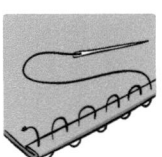

缝

šiti

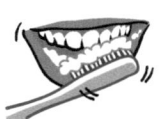

刷牙

prati zube

杀

ubiti

抽烟

pušiti

寄

slati

祖母
baka

祖父
djed

父亲
otac

母亲
majka

婴童
beba

女儿
kćerka

儿子
sin

客人

gost

阿姨

ujna, tetka, strina

叔叔

ujak, tetak, stric

兄弟

brat

姐妹

sestra

身体
tijelo

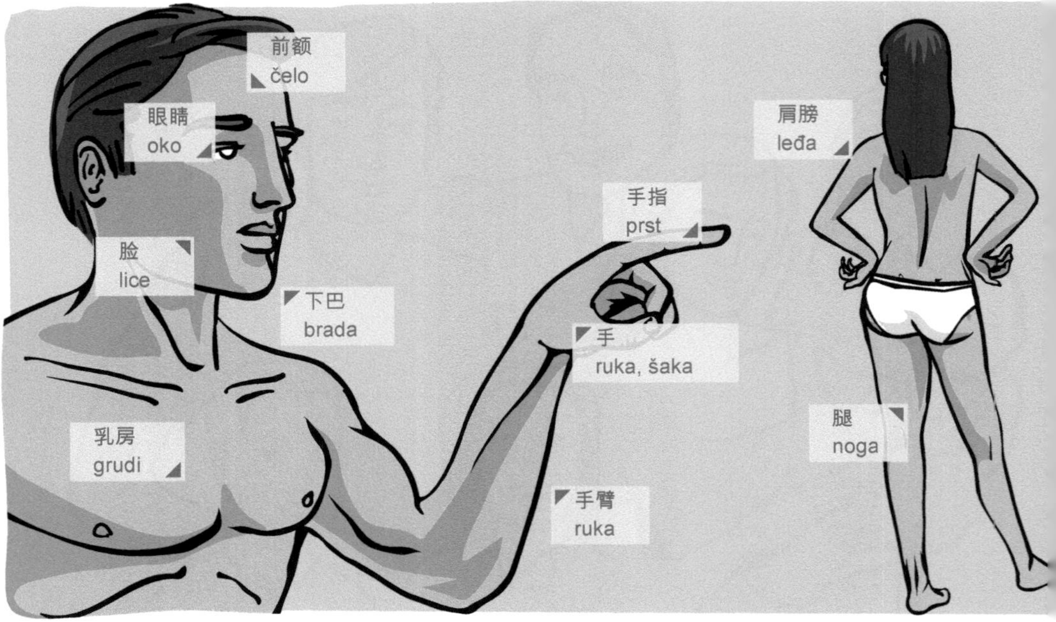

前额
čelo

眼睛
oko

脸
lice

下巴
brada

乳房
grudi

手指
prst

手
ruka, šaka

手臂
ruka

肩膀
leđa

腿
noga

婴童
beba

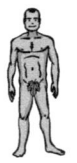

男人
muškarac

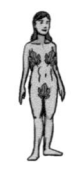

女人
žena

女孩
djevojčica

男孩
dječak

头
glava

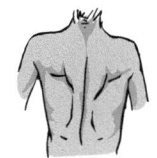

背部
leđa

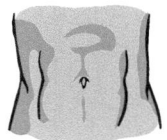

肚子
stomak

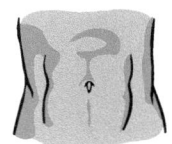

肚脐
pupak

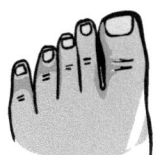

脚趾
nožni prst

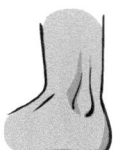

脚后跟
peta

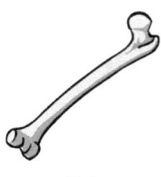

骨头
kosti

臀部
kuk

膝盖
koljeno

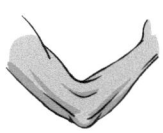

手肘
lakat

鼻子
nos

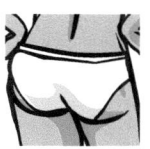

屁股
stražnjica

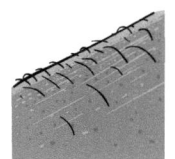

皮肤
koža

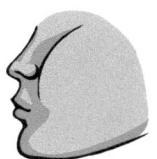

脸颊
obraz

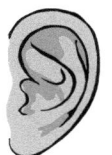

耳朵
uho

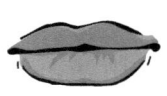

嘴唇
usna

嘴
usta

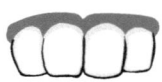

牙齿
zub

舌头
jezik

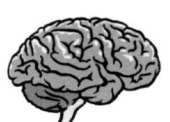

脑
mozak

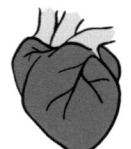

心脏
srce

肌肉
mišić

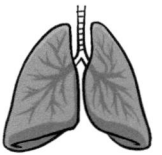

肺
pluća

肝脏
jetra

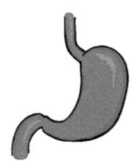

胃
želudac

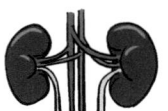

肾脏
bubreg

性交
spolni odnos

避孕套
kondom

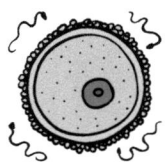

卵子
jajna ćelija

精子
sperma

怀孕
trudnoća

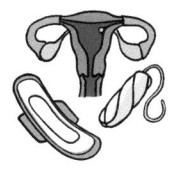

月经

menstruacija

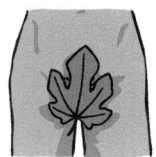

阴道

vagina

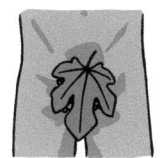

阴茎

penis

眉毛

obrva

头发

kosa

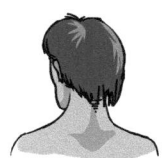

脖子

vrat

医院
bolnica

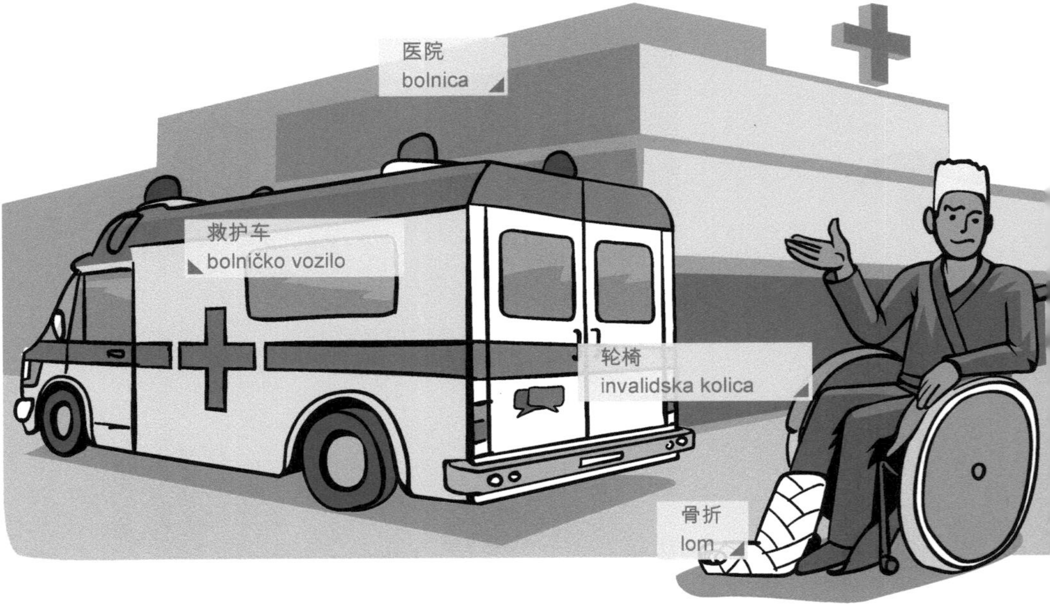

医院
bolnica
救护车
bolničko vozilo
轮椅
invalidska kolica
骨折
lom

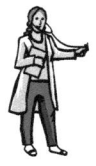

医生

ljekar

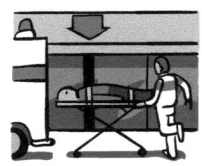

急诊室

hitna služba

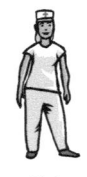

护士

medicinska sestra

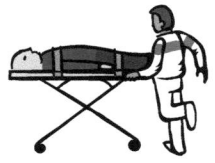

紧急情况

hitna pomoć

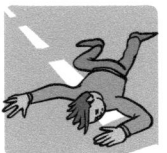

昏迷

nesvjest

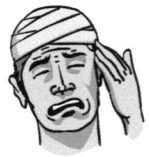

痛

bol

受伤

povreda

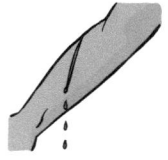

出血

krvarenje

心脏病发作

srčani udar, infarkt

中风

moždani udar

过敏

alergija

咳嗽

kašalj

发烧

groznica

流感

gripa

腹泻

proljev

头痛

glavobolja

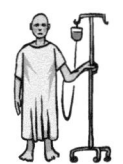

癌症

rak

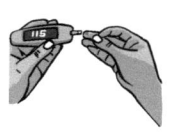

糖尿病

dijabetes

外科医生

hirurg

手术刀

skalpel

手术

operacija

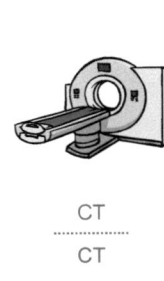

CT
CT

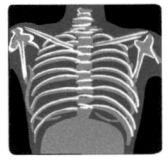

X光
rendgen

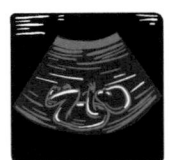

超声波
ultrazvuk

口罩
maska

疾病
bolest

候诊室
čekaonica

拐杖
štake

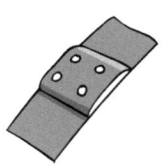

石膏
flaster

绷带
zavoj

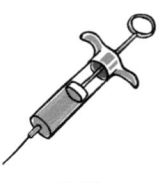

注射
injekcija

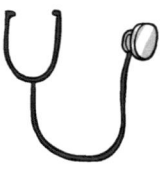

听诊器
stetoskop

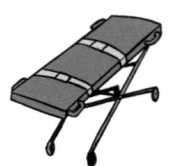

担架
nosilo

体温计
termometar

出生
porod

超重
prekomjerna težina, debljina

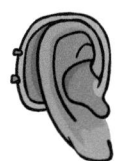

助听器
slušni aparat

消毒液
sredstvo za dezinfekciju

感染
infekcija

病毒
virus

艾滋病
HIV/ AIDS

药物
medicina

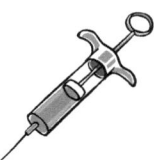

接种疫苗
vakcinacija

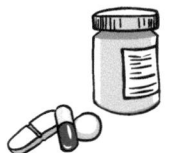

药片
tablete

药丸
pilula

急救电话
hitni poziv

血压计
aparat za mjerenje pritiska

生病/健康
bolestan / zdrav

救命！
Upomoć!

警报
alarm

突击
napad, prepad

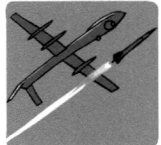

攻击
napad

危险
opasnost

紧急出口
izlaz u slučaju opasnosti

着火啦！
Požar!

灭火器
vatrogasni aparat

意外
nezgoda

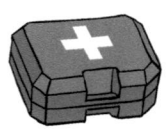

急救箱
torba prve pomoći

呼救信号
SOS

警察
policija

欧洲

Europa

北美洲

Sjeverna Amerika

南美洲

Južna Amerika

非洲

Afrika

亚洲

Azija

澳洲

Australija

大西洋

Atlantik

太平洋

Pacifik

印度洋

Indijski okean

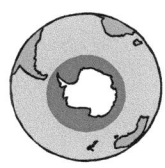

南冰洋

Antarktički okean

北冰洋

Arktički okean

北极

Sjeverni pol

南极

Južni pol

南极洲

Antarktik

地球

Zemlja

陆地

zemlja

海

more

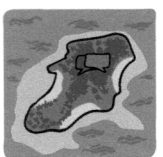

岛

ostrvo

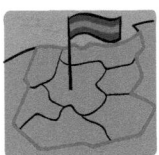

国家

nacija

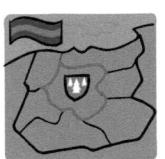

国家

država

钟面

brojčanik sata

时针

kazaljka sata

分针

kazaljka minute

秒针

kazaljka sekunde

现在几点？

Koliko je sati?

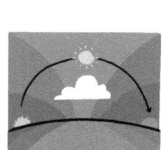

天

dan

时间

vrijeme

现在

sada

电子表

digitalni sat

分

minuta

时

sat

周

sedmica, nedjelja

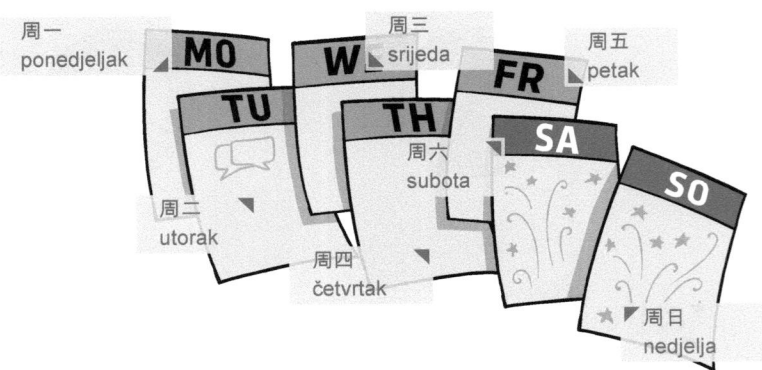

周一 ponedjeljak
周三 srijeda
周五 petak
周二 utorak
周四 četvrtak
周六 subota
周日 nedjelja

昨天
juče

今天
danas

明天
sutra

早晨
jutro

中午
podne

晚上
veče

MO	TU	WE	TH	FR	SA	SU
1	2	3	4	5	6	7
8	9	10	11	12	13	14
15	16	17	18	19	20	21
22	23	24	25	26	27	28
29	30	31	1	2	3	4

工作日
radni dani

MO	TU	WE	TH	FR	SA	SU
1	2	3	4	5	6	7
8	9	10	11	12	13	14
15	16	17	18	19	20	21
22	23	24	25	26	27	28
29	30	31	1	2	3	4

周末
vikend

雨
kiša

彩虹
duga

风
vjetar

雪
snijeg

春
proljeće

秋
jesen

夏
ljeto

冬
zima

天气预报

prognoza vremena

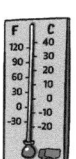

温度计

termometar

阳光

sunčev sjaj

云

oblak

雾

magla

潮湿

vlažnost vazduha

闪电

munja

打雷

grom

风暴

oluja

冰雹

tuča, led

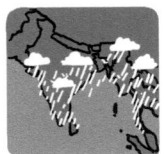

季风

monsun

洪水

poplava

冰

led

一月

januar

二月

februar

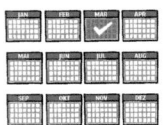

三月

mart

四月

april

五月

maj

六月

juni

七月

juli

八月

avgust

年 - godina

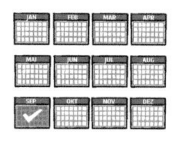

九月
....
septembar

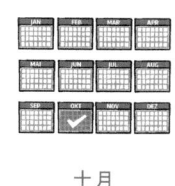

十月
....
oktobar

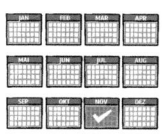

十一月
....
novembar

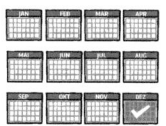

十二月
....
decembar

形状

oblici

圆形
....
krug

正方形
....
kvadrat

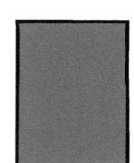

长方形
....
pravougao

三角形
....
trougao

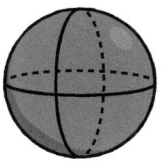

球体
....
kugla

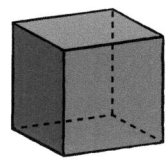

立方体
....
kocka

白
....
bjel

黄
....
žut

橙
....
narandžast

粉
....
pink

红
....
crven

紫
....
ljubičast

蓝
....
plav

绿
....
zelen

棕
....
smeđ

灰
....
siv

黑
....
crn

很多/少许

malo / mnogo

生气/平静

ljutit / miran

美/丑

lijep / ružan

首/尾

početak / kraj

大/小

veliki / mali

明/暗

svijetlo / tamno

兄弟/姐妹

brat / sestra

干净/肮脏

čist / prljav

完整/缺失

potpun / nepotpun

白天/晚上

dan / noć

死/生

mrtav / živ

宽/窄

široko / usko

可食用/非食用
ukusno / neukusno

邪恶/善良
zao / prijatan

兴奋/无聊
uzbuđen / dosadan

胖/瘦
debeo / mršav

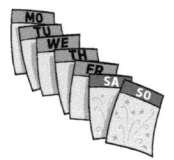

第一/最后
najprije / najkasnije

朋友/敌人
prijatelj / neprijatelj

满/空
pun / prazan

硬/软
trvd / mekan

重/轻
težak / lagan

饿/渴
glad / žeđ

生病/健康
bolestan / zdrav

非法/合法
ilegalan / legalan

聪明/愚笨
inteligentan / glup

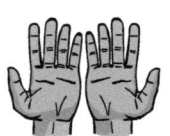

左/右
lijevo / desno

近/远
blizu / daleko

新/旧
nov / polovan

没有/有些
ništa / nešto

老/幼
star / mlad

开/关
uključeno / isključeno

打开/合上
otvoreno / zatvoreno

安静/吵闹
tiho / glasno

富/穷
bogat / siromašan

对/错
tačno / pogrešno

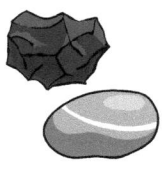

粗糙/光滑
hrapav / glatak

伤心/高兴
tužan / srećan

短/长
kratak / dug

慢/快
spor / brz

湿/干
mokro / suho

温暖/凉爽
toplo / hladno

战争/和平
rat / mir

0

零

nula

1

一

jedan

2

二

dva

3

三

tri

4

四

četiri

5

五

pet

6

六

šest

7

七

sedam

8

八

osam

9

九

devet

10

十

deset

11

十一

jedanaest

12
十二
dvanaest

13
十三
trinaest

14
十四
četrnaest

15
十五
petnaest

16
十六
šesnaest

17
十七
sedamnaest

18
十八
osamnaest

19
十九
devetnaest

20
二十
dvadeset

100
百
sto

1.000
千
hiljada

1.000.000
百万
milion

英语

engleski

美式英语

američki engleski

普通话

kinesko mandarinski

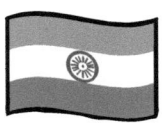

印地语

hindi

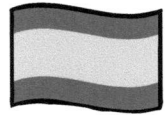

西班牙语

španski

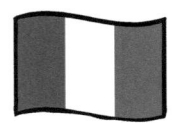

法语

francuski

阿拉伯语

arapski

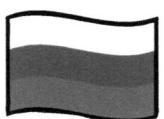

俄语

ruski

葡萄牙语

portugalski

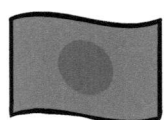

孟加拉语

bengalski

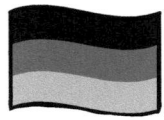

德语

njemački

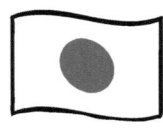

日语

japanski

我

ja

你

ti

他/她/它

on / ona / ono

我们

mi

你们

vi

他们

oni

谁？

ko?

什么？

šta?

怎样？

kako?

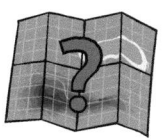

哪里？

gdje?

什么时候？

kada?

名字

ime

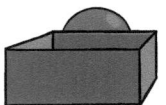

后面
iza

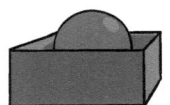

里面
u

前面
pred

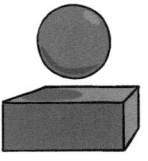

上方
iznad

上面
na

下面
ispod

旁边
pored

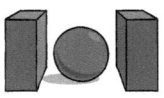

中间
između

地点
mjesto